《中华人民共和国发票管理办法》及其实施细则

新旧对照

本书编写组　编

中国税务出版社

图书在版编目（CIP）数据

《中华人民共和国发票管理办法》及其实施细则新旧
对照／本书编写组编 . —— 北京：中国税务出版社，
2024.1

ISBN 978 - 7 - 5678 - 1473 - 8

Ⅰ . ①中… Ⅱ . ①本… Ⅲ . ①原始凭证 - 财务管理 -
法规 - 研究 - 中国 Ⅳ . ①D922. 264

中国国家版本馆 CIP 数据核字（2024）第 015402 号

书　　名：《中华人民共和国发票管理办法》及其实施细则
　　　　　新旧对照
　　　　　《ZHONGHUA RENMIN GONGHEGUO FAPIAO GUANLI
　　　　　BANFA》JIQI SHISHI XIZE XINJIU DUIZHAO
作　　者：本书编写组　编
责任编辑：孙晓萍
责任校对：姚浩晴
技术设计：林立志
出版发行：中国税务出版社
　　　　　北京市丰台区广安路 9 号国投财富广场 1 号楼 11 层
　　　　　邮政编码：100055
　　　　　网址：https://www. taxation. cn
　　　　　投稿：https://www. taxation. cn/qt/zztg
　　　　　发行中心电话：(010)83362083/85/86
　　　　　传真：(010)83362047/49
经　　销：各地新华书店
印　　刷：北京联兴盛业印刷股份有限公司
规　　格：880 × 1230 毫米　1/32
印　　张：2. 25
字　　数：37000 字
版　　次：2024 年 1 月第 1 版　2024 年 1 月第 1 次印刷
书　　号：ISBN 978 - 7 - 5678 - 1473 - 8
定　　价：8. 00 元

如有印装错误　本社负责调换

目　　录

中华人民共和国发票管理办法 …………………… （1）

新旧发票管理办法对照表 …………………… （13）

中华人民共和国发票管理办法实施细则 ………… （31）

新旧发票管理办法实施细则对照表 ……………… （41）

国家税务总局关于修改《中华人民共和国
　　发票管理办法实施细则》的决定 ……………… （56）

关于《国家税务总局关于修改〈中华人民共和国
　　发票管理办法实施细则〉的决定》的解读 ……… （63）

中华人民共和国发票管理办法

（1993 年 12 月 12 日国务院批准　1993 年 12 月 23 日财政部令第 6 号发布　根据 2010 年 12 月 20 日《国务院关于修改〈中华人民共和国发票管理办法〉的决定》第一次修订　根据 2019 年 3 月 2 日《国务院关于修改部分行政法规的决定》第二次修订　根据 2023 年 7 月 20 日《国务院关于修改和废止部分行政法规的决定》第三次修订）

第一章　总　　则

第一条　为了加强发票管理和财务监督，保障国家税收收入，维护经济秩序，根据《中华人民共和国税收征收管理法》，制定本办法。

第二条　在中华人民共和国境内印制、领用、开具、取得、保管、缴销发票的单位和个人（以下称印制、使用发票的单位和个人），必须遵守本办法。

第三条　本办法所称发票，是指在购销商品、提供或者接受服务以及从事其他经营活动中，开具、收取的收付款凭证。

发票包括纸质发票和电子发票。电子发票与纸质发票具有同等法律效力。国家积极推广使用电子发票。

第四条 发票管理工作应当坚持和加强党的领导，为经济社会发展服务。

国务院税务主管部门统一负责全国的发票管理工作。省、自治区、直辖市税务机关依据职责做好本行政区域内的发票管理工作。

财政、审计、市场监督管理、公安等有关部门在各自的职责范围内，配合税务机关做好发票管理工作。

第五条 发票的种类、联次、内容、编码规则、数据标准、使用范围等具体管理办法由国务院税务主管部门规定。

第六条 对违反发票管理法规的行为，任何单位和个人可以举报。税务机关应当为检举人保密，并酌情给予奖励。

第二章　发票的印制

第七条 增值税专用发票由国务院税务主管部门确定的企业印制；其他发票，按照国务院税务主管部门的规定，由省、自治区、直辖市税务机关确定的企业印制。

禁止私自印制、伪造、变造发票。

第八条 印制发票的企业应当具备下列条件：

（一）取得印刷经营许可证和营业执照；

（二）设备、技术水平能够满足印制发票的需要；

（三）有健全的财务制度和严格的质量监督、安全管理、保密制度。

税务机关应当按照政府采购有关规定确定印制发票的企业。

第九条 印制发票应当使用国务院税务主管部门确定的全国统一的发票防伪专用品。禁止非法制造发票防伪专用品。

第十条 发票应当套印全国统一发票监制章。全国统一发票监制章的式样和发票版面印刷的要求，由国务院税务主管部门规定。发票监制章由省、自治区、直辖市税务机关制作。禁止伪造发票监制章。

发票实行不定期换版制度。

第十一条 印制发票的企业按照税务机关的统一规定，建立发票印制管理制度和保管措施。

发票监制章和发票防伪专用品的使用和管理实行专人负责制度。

第十二条 印制发票的企业必须按照税务机关确定的式样和数量印制发票。

第十三条　发票应当使用中文印制。民族自治地方的发票，可以加印当地一种通用的民族文字。有实际需要的，也可以同时使用中外两种文字印制。

第十四条　各省、自治区、直辖市内的单位和个人使用的发票，除增值税专用发票外，应当在本省、自治区、直辖市内印制；确有必要到外省、自治区、直辖市印制的，应当由省、自治区、直辖市税务机关商印制地省、自治区、直辖市税务机关同意后确定印制发票的企业。

禁止在境外印制发票。

第三章　发票的领用

第十五条　需要领用发票的单位和个人，应当持设立登记证件或者税务登记证件，以及经办人身份证明，向主管税务机关办理发票领用手续。领用纸质发票的，还应当提供按照国务院税务主管部门规定式样制作的发票专用章的印模。主管税务机关根据领用单位和个人的经营范围、规模和风险等级，在5个工作日内确认领用发票的种类、数量以及领用方式。

单位和个人领用发票时，应当按照税务机关的规定报告发票使用情况，税务机关应当按照规定进行查验。

第十六条　需要临时使用发票的单位和个人，可以凭购销商品、提供或者接受服务以及从事其他经营活动的书面证明、经办人身份证明，直接向经营地税务机关申请代开发票。依照税收法律、行政法规规定应当缴纳税款的，税务机关应当先征收税款，再开具发票。税务机关根据发票管理的需要，可以按照国务院税务主管部门的规定委托其他单位代开发票。

禁止非法代开发票。

第十七条　临时到本省、自治区、直辖市以外从事经营活动的单位或者个人，应当凭所在地税务机关的证明，向经营地税务机关领用经营地的发票。

临时在本省、自治区、直辖市以内跨市、县从事经营活动领用发票的办法，由省、自治区、直辖市税务机关规定。

第四章　发票的开具和保管

第十八条　销售商品、提供服务以及从事其他经营活动的单位和个人，对外发生经营业务收取款项，收款方应当向付款方开具发票；特殊情况下，由付款方向收款方开具发票。

第十九条　所有单位和从事生产、经营活动的个人在购买商品、接受服务以及从事其他经营活动支付款项，应当向收款方取得发票。取得发票时，不得要求变更品名和金额。

第二十条 不符合规定的发票，不得作为财务报销凭证，任何单位和个人有权拒收。

第二十一条 开具发票应当按照规定的时限、顺序、栏目，全部联次一次性如实开具，开具纸质发票应当加盖发票专用章。

任何单位和个人不得有下列虚开发票行为：

（一）为他人、为自己开具与实际经营业务情况不符的发票；

（二）让他人为自己开具与实际经营业务情况不符的发票；

（三）介绍他人开具与实际经营业务情况不符的发票。

第二十二条 安装税控装置的单位和个人，应当按照规定使用税控装置开具发票，并按期向主管税务机关报送开具发票的数据。

使用非税控电子器具开具发票的，应当将非税控电子器具使用的软件程序说明资料报主管税务机关备案，并按照规定保存、报送开具发票的数据。

单位和个人开发电子发票信息系统自用或者为他人

提供电子发票服务的，应当遵守国务院税务主管部门的规定。

第二十三条 任何单位和个人应当按照发票管理规定使用发票，不得有下列行为：

（一）转借、转让、介绍他人转让发票、发票监制章和发票防伪专用品；

（二）知道或者应当知道是私自印制、伪造、变造、非法取得或者废止的发票而受让、开具、存放、携带、邮寄、运输；

（三）拆本使用发票；

（四）扩大发票使用范围；

（五）以其他凭证代替发票使用；

（六）窃取、截留、篡改、出售、泄露发票数据。

税务机关应当提供查询发票真伪的便捷渠道。

第二十四条 除国务院税务主管部门规定的特殊情形外，纸质发票限于领用单位和个人在本省、自治区、直辖市内开具。

省、自治区、直辖市税务机关可以规定跨市、县开具纸质发票的办法。

第二十五条 除国务院税务主管部门规定的特殊情形外，任何单位和个人不得跨规定的使用区域携带、邮寄、运输空白发票。

禁止携带、邮寄或者运输空白发票出入境。

第二十六条 开具发票的单位和个人应当建立发票使用登记制度，配合税务机关进行身份验证，并定期向主管税务机关报告发票使用情况。

第二十七条 开具发票的单位和个人应当在办理变更或者注销税务登记的同时，办理发票的变更、缴销手续。

第二十八条 开具发票的单位和个人应当按照国家有关规定存放和保管发票，不得擅自损毁。已经开具的发票存根联，应当保存 5 年。

第五章 发票的检查

第二十九条 税务机关在发票管理中有权进行下列检查：

（一）检查印制、领用、开具、取得、保管和缴销发票的情况；

（二）调出发票查验；

（三）查阅、复制与发票有关的凭证、资料；

（四）向当事各方询问与发票有关的问题和情况；

（五）在查处发票案件时，对与案件有关的情况和资料，可以记录、录音、录像、照像和复制。

第三十条　印制、使用发票的单位和个人，必须接受税务机关依法检查，如实反映情况，提供有关资料，不得拒绝、隐瞒。

税务人员进行检查时，应当出示税务检查证。

第三十一条　税务机关需要将已开具的发票调出查验时，应当向被查验的单位和个人开具发票换票证。发票换票证与所调出查验的发票有同等的效力。被调出查验发票的单位和个人不得拒绝接受。

税务机关需要将空白发票调出查验时，应当开具收据；经查无问题的，应当及时返还。

第三十二条　单位和个人从中国境外取得的与纳税有关的发票或者凭证，税务机关在纳税审查时有疑义的，可以要求其提供境外公证机构或者注册会计师的确认证明，经税务机关审核认可后，方可作为记账核算的凭证。

第六章　罚　　则

第三十三条　违反本办法的规定，有下列情形之一的，由税务机关责令改正，可以处 1 万元以下的罚款；有违法所得的予以没收：

（一）应当开具而未开具发票，或者未按照规定的时限、顺序、栏目，全部联次一次性开具发票，或者未加盖发票专用章的；

（二）使用税控装置开具发票，未按期向主管税务机关报送开具发票的数据的；

（三）使用非税控电子器具开具发票，未将非税控电子器具使用的软件程序说明资料报主管税务机关备案，或者未按照规定保存、报送开具发票的数据的；

（四）拆本使用发票的；

（五）扩大发票使用范围的；

（六）以其他凭证代替发票使用的；

（七）跨规定区域开具发票的；

（八）未按照规定缴销发票的；

（九）未按照规定存放和保管发票的。

第三十四条 跨规定的使用区域携带、邮寄、运输空白发票，以及携带、邮寄或者运输空白发票出入境的，由税务机关责令改正，可以处1万元以下的罚款；情节严重的，处1万元以上3万元以下的罚款；有违法所得的予以没收。

丢失发票或者擅自损毁发票的，依照前款规定处罚。

第三十五条 违反本办法的规定虚开发票的，由税务机关没收违法所得；虚开金额在1万元以下的，可以并处5万元以下的罚款；虚开金额超过1万元的，并处5万元以上50万元以下的罚款；构成犯罪的，依法追究刑事责任。

非法代开发票的，依照前款规定处罚。

第三十六条 私自印制、伪造、变造发票，非法制造发票防伪专用品，伪造发票监制章，窃取、截留、篡改、出售、泄露发票数据的，由税务机关没收违法所得，没收、销毁作案工具和非法物品，并处 1 万元以上 5 万元以下的罚款；情节严重的，并处 5 万元以上 50 万元以下的罚款；构成犯罪的，依法追究刑事责任。

前款规定的处罚，《中华人民共和国税收征收管理法》有规定的，依照其规定执行。

第三十七条 有下列情形之一的，由税务机关处 1 万元以上 5 万元以下的罚款；情节严重的，处 5 万元以上 50 万元以下的罚款；有违法所得的予以没收：

（一）转借、转让、介绍他人转让发票、发票监制章和发票防伪专用品的；

（二）知道或者应当知道是私自印制、伪造、变造、非法取得或者废止的发票而受让、开具、存放、携带、邮寄、运输的。

第三十八条 对违反发票管理规定 2 次以上或者情节严重的单位和个人，税务机关可以向社会公告。

第三十九条 违反发票管理法规，导致其他单位或者个人未缴、少缴或者骗取税款的，由税务机关没收违法所得，可以并处未缴、少缴或者骗取的税款 1 倍以下的罚款。

第四十条 当事人对税务机关的处罚决定不服的，可以依法申请行政复议或者向人民法院提起行政诉讼。

第四十一条 税务人员利用职权之便，故意刁难印制、使用发票的单位和个人，或者有违反发票管理法规行为的，依照国家有关规定给予处分；构成犯罪的，依法追究刑事责任。

第七章 附 则

第四十二条 国务院税务主管部门可以根据有关行业特殊的经营方式和业务需求，会同国务院有关主管部门制定该行业的发票管理办法。

国务院税务主管部门可以根据增值税专用发票管理的特殊需要，制定增值税专用发票的具体管理办法。

第四十三条 本办法自发布之日起施行。财政部 1986 年发布的《全国发票管理暂行办法》和原国家税务局 1991 年发布的《关于对外商投资企业和外国企业发票管理的暂行规定》同时废止。

新旧发票管理办法对照表

《中华人民共和国发票 管理办法》 （2019 年）	《中华人民共和国发票 管理办法》 （2023 年）
第一章 总 则	**第一章 总 则**
第一条 为了加强发票管理和财务监督，保障国家税收收入，维护经济秩序，根据《中华人民共和国税收征收管理法》，制定本办法。	第一条 为了加强发票管理和财务监督，保障国家税收收入，维护经济秩序，根据《中华人民共和国税收征收管理法》，制定本办法。
第二条 在中华人民共和国境内印制、领购、开具、取得、保管、缴销发票的单位和个人（以下称印制、使用发票的单位和个人），必须遵守本办法。	第二条 在中华人民共和国境内印制、**领用**、开具、取得、保管、缴销发票的单位和个人（以下称印制、使用发票的单位和个人），必须遵守本办法。
第三条 本办法所称发票，是指在购销商品、提供或者接受服务以及从事其他经营活动中，开具、收取的收付款凭证。	第三条 本办法所称发票，是指在购销商品、提供或者接受服务以及从事其他经营活动中，开具、收取的收付款凭证。 **发票包括纸质发票和电子发票。电子发票与纸质发票具有同等法律效力。国家积极推广使用电子发票。**

（2019 年）	（2023 年）
第四条　国务院税务主管部门统一负责全国的发票管理工作。省、自治区、直辖市税务机关依据职责做好本行政区域内的发票管理工作。 　　财政、审计、市场监督管理、公安等有关部门在各自的职责范围内，配合税务机关做好发票管理工作。	第四条　**发票管理工作应当坚持和加强党的领导，为经济社会发展服务。** 　　国务院税务主管部门统一负责全国的发票管理工作。省、自治区、直辖市税务机关依据职责做好本行政区域内的发票管理工作。 　　财政、审计、市场监督管理、公安等有关部门在各自的职责范围内，配合税务机关做好发票管理工作。
第五条　发票的种类、联次、内容以及使用范围由国务院税务主管部门规定。	第五条　发票的种类、联次、内容、**编码规则、数据标准、使用范围等具体管理办法**由国务院税务主管部门规定。
第六条　对违反发票管理法规的行为，任何单位和个人可以举报。税务机关应当为检举人保密，并酌情给予奖励。	第六条　对违反发票管理法规的行为，任何单位和个人可以举报。税务机关应当为检举人保密，并酌情给予奖励。

（2019 年）	（2023 年）
第二章　发票的印制	**第二章　发票的印制**
第七条　增值税专用发票由国务院税务主管部门确定的企业印制；其他发票，按照国务院税务主管部门的规定，由省、自治区、直辖市税务机关确定的企业印制。禁止私自印制、伪造、变造发票。	第七条　增值税专用发票由国务院税务主管部门确定的企业印制；其他发票，按照国务院税务主管部门的规定，由省、自治区、直辖市税务机关确定的企业印制。禁止私自印制、伪造、变造发票。
第八条　印制发票的企业应当具备下列条件： 　（一）取得印刷经营许可证和营业执照； 　（二）设备、技术水平能够满足印制发票的需要； 　（三）有健全的财务制度和严格的质量监督、安全管理、保密制度。 　税务机关应当以招标方式确定印制发票的企业，并发给发票准印证。	第八条　印制发票的企业应当具备下列条件： 　（一）取得印刷经营许可证和营业执照； 　（二）设备、技术水平能够满足印制发票的需要； 　（三）有健全的财务制度和严格的质量监督、安全管理、保密制度。 　税务机关应当**按照政府采购有关规定**确定印制发票的企业。
第九条　印制发票应当使用国务院税务主管部门确定的全国统一的发票防伪专用品。禁止非法制造发票防伪专用品。	第九条　印制发票应当使用国务院税务主管部门确定的全国统一的发票防伪专用品。禁止非法制造发票防伪专用品。

（2019 年）	（2023 年）
第十条　发票应当套印全国统一发票监制章。全国统一发票监制章的式样和发票版面印刷的要求，由国务院税务主管部门规定。发票监制章由省、自治区、直辖市税务机关制作。禁止伪造发票监制章。 　　发票实行不定期换版制度。	第十条　发票应当套印全国统一发票监制章。全国统一发票监制章的式样和发票版面印刷的要求，由国务院税务主管部门规定。发票监制章由省、自治区、直辖市税务机关制作。禁止伪造发票监制章。 　　发票实行不定期换版制度。
第十一条　印制发票的企业按照税务机关的统一规定，建立发票印制管理制度和保管措施。 　　发票监制章和发票防伪专用品的使用和管理实行专人负责制度。	第十一条　印制发票的企业按照税务机关的统一规定，建立发票印制管理制度和保管措施。 　　发票监制章和发票防伪专用品的使用和管理实行专人负责制度。
第十二条　印制发票的企业必须按照税务机关批准的式样和数量印制发票。	第十二条　印制发票的企业必须按照税务机关**确定**的式样和数量印制发票。
第十三条　发票应当使用中文印制。民族自治地方的发票，可以加印当地一种通用的民族文字。有实际需要的，也可以同时使用中外两种文字印制。	第十三条　发票应当使用中文印制。民族自治地方的发票，可以加印当地一种通用的民族文字。有实际需要的，也可以同时使用中外两种文字印制。

（2019 年）	（2023 年）
第十四条　各省、自治区、直辖市内的单位和个人使用的发票，除增值税专用发票外，应当在本省、自治区、直辖市内印制；确有必要到外省、自治区、直辖市印制的，应当由省、自治区、直辖市税务机关商印制地省、自治区、直辖市税务机关同意，由印制地省、自治区、直辖市税务机关确定的企业印制。 禁止在境外印制发票。	第十四条　各省、自治区、直辖市内的单位和个人使用的发票，除增值税专用发票外，应当在本省、自治区、直辖市内印制；确有必要到外省、自治区、直辖市印制的，应当由省、自治区、直辖市税务机关商印制地省、自治区、直辖市税务机关同意**后确定印制发票的企业**。 禁止在境外印制发票。
第三章　发票的领购	**第三章　发票的领用**
第十五条　需要领购发票的单位和个人，应当持税务登记证件、经办人身份证明、按照国务院税务主管部门规定式样制作的发票专用章的印模，向主管税务机关办理发票领购手续。主管税务机关根据领购单位和个人的经营范围和规模，确认领购发票的种类、数量以及领购方式，在 5 个工作日内发给发票领购簿。 单位和个人领购发票时，应当按照税务机关的规定报告发票使用情况，税务机关应当按照规定进行查验。	第十五条　需要**领用**发票的单位和个人，应当持**设立登记证件或者**税务登记证件，**以及**经办人身份证明，向主管税务机关办理发票**领用**手续。**领用纸质发票的，还应当提供按**照国务院税务主管部门规定式样制作的发票专用章的印模。主管税务机关根据**领用**单位和个人的经营范围、规模**和风险等级**，在 5 个工作日内确认**领用**发票的种类、数量以及**领用**方式。 单位和个人**领用**发票时，应当按照税务机关的规定报告发票使用情况，税务机关应当按照规定进行查验。

（2019 年）	（2023 年）
第十六条　需要临时使用发票的单位和个人，可以凭购销商品、提供或者接受服务以及从事其他经营活动的书面证明、经办人身份证明，直接向经营地税务机关申请代开发票。依照税收法律、行政法规规定应当缴纳税款的，税务机关应当先征收税款，再开具发票。税务机关根据发票管理的需要，可以按照国务院税务主管部门的规定委托其他单位代开发票。 禁止非法代开发票。	第十六条　需要临时使用发票的单位和个人，可以凭购销商品、提供或者接受服务以及从事其他经营活动的书面证明、经办人身份证明，直接向经营地税务机关申请代开发票。依照税收法律、行政法规规定应当缴纳税款的，税务机关应当先征收税款，再开具发票。税务机关根据发票管理的需要，可以按照国务院税务主管部门的规定委托其他单位代开发票。 禁止非法代开发票。
第十七条　临时到本省、自治区、直辖市以外从事经营活动的单位或者个人，应当凭所在地税务机关的证明，向经营地税务机关领购经营地的发票。 临时在本省、自治区、直辖市以内跨市、县从事经营活动领购发票的办法，由省、自治区、直辖市税务机关规定。	第十七条　临时到本省、自治区、直辖市以外从事经营活动的单位或者个人，应当凭所在地税务机关的证明，向经营地税务机关**领用**经营地的发票。 临时在本省、自治区、直辖市以内跨市、县从事经营活动**领用**发票的办法，由省、自治区、直辖市税务机关规定。

（2019 年）	（2023 年）
第十八条　税务机关对外省、自治区、直辖市来本辖区从事临时经营活动的单位和个人领购发票的，可以要求其提供保证人或者根据所领购发票的票面限额以及数量交纳不超过 1 万元的保证金，并限期缴销发票。 按期缴销发票的，解除保证人的担保义务或者退还保证金；未按期缴销发票的，由保证人或者以保证金承担法律责任。 税务机关收取保证金应当开具资金往来结算票据。	（删除）
第四章　发票的开具和保管	**第四章　发票的开具和保管**
第十九条　销售商品、提供服务以及从事其他经营活动的单位和个人，对外发生经营业务收取款项，收款方应当向付款方开具发票；特殊情况下，由付款方向收款方开具发票。	第十八条　销售商品、提供服务以及从事其他经营活动的单位和个人，对外发生经营业务收取款项，收款方应当向付款方开具发票；特殊情况下，由付款方向收款方开具发票。

（2019 年）	（2023 年）
第二十条 所有单位和从事生产、经营活动的个人在购买商品、接受服务以及从事其他经营活动支付款项，应当向收款方取得发票。取得发票时，不得要求变更品名和金额。	第十九条 所有单位和从事生产、经营活动的个人在购买商品、接受服务以及从事其他经营活动支付款项，应当向收款方取得发票。取得发票时，不得要求变更品名和金额。
第二十一条 不符合规定的发票，不得作为财务报销凭证，任何单位和个人有权拒收。	第二十条 不符合规定的发票，不得作为财务报销凭证，任何单位和个人有权拒收。
第二十二条 开具发票应当按照规定的时限、顺序、栏目，全部联次一次性如实开具，并加盖发票专用章。 任何单位和个人不得有下列虚开发票行为： （一）为他人、为自己开具与实际经营业务情况不符的发票； （二）让他人为自己开具与实际经营业务情况不符的发票； （三）介绍他人开具与实际经营业务情况不符的发票。	第二十一条 开具发票应当按照规定的时限、顺序、栏目，全部联次一次性如实开具，**开具纸质发票应当**加盖发票专用章。 任何单位和个人不得有下列虚开发票行为： （一）为他人、为自己开具与实际经营业务情况不符的发票； （二）让他人为自己开具与实际经营业务情况不符的发票； （三）介绍他人开具与实际经营业务情况不符的发票。

（2019 年）	（2023 年）
第二十三条　安装税控装置的单位和个人，应当按照规定使用税控装置开具发票，并按期向主管税务机关报送开具发票的数据。 使用非税控电子器具开具发票的，应当将非税控电子器具使用的软件程序说明资料报主管税务机关备案，并按照规定保存、报送开具发票的数据。 国家推广使用网络发票管理系统开具发票，具体管理办法由国务院税务主管部门制定。	第二十二条　安装税控装置的单位和个人，应当按照规定使用税控装置开具发票，并按期向主管税务机关报送开具发票的数据。 使用非税控电子器具开具发票的，应当将非税控电子器具使用的软件程序说明资料报主管税务机关备案，并按照规定保存、报送开具发票的数据。 **单位和个人开发电子**发票**信息系统自用或者为他人提供电子发票服务的，应当遵守**国务院税务主管部门**的规定。**

（2019 年）	（2023 年）
第二十四条　任何单位和个人应当按照发票管理规定使用发票，不得有下列行为： 　　（一）转借、转让、介绍他人转让发票、发票监制章和发票防伪专用品； 　　（二）知道或者应当知道是私自印制、伪造、变造、非法取得或者废止的发票而受让、开具、存放、携带、邮寄、运输； 　　（三）拆本使用发票； 　　（四）扩大发票使用范围； 　　（五）以其他凭证代替发票使用。 　　税务机关应当提供查询发票真伪的便捷渠道。	第二十三条　任何单位和个人应当按照发票管理规定使用发票，不得有下列行为： 　　（一）转借、转让、介绍他人转让发票、发票监制章和发票防伪专用品； 　　（二）知道或者应当知道是私自印制、伪造、变造、非法取得或者废止的发票而受让、开具、存放、携带、邮寄、运输； 　　（三）拆本使用发票； 　　（四）扩大发票使用范围； 　　（五）以其他凭证代替发票使用； 　　**（六）窃取、截留、篡改、出售、泄露发票数据。** 　　税务机关应当提供查询发票真伪的便捷渠道。
第二十五条　除国务院税务主管部门规定的特殊情形外，发票限于领购单位和个人在本省、自治区、直辖市内开具。 　　省、自治区、直辖市税务机关可以规定跨市、县开具发票的办法。	第二十四条　除国务院税务主管部门规定的特殊情形外，**纸质**发票限于**领用**单位和个人在本省、自治区、直辖市内开具。 　　省、自治区、直辖市税务机关可以规定跨市、县开具**纸质**发票的办法。

（2019 年）	（2023 年）
第二十六条　除国务院税务主管部门规定的特殊情形外，任何单位和个人不得跨规定的使用区域携带、邮寄、运输空白发票。 禁止携带、邮寄或者运输空白发票出入境。	第二十五条　除国务院税务主管部门规定的特殊情形外，任何单位和个人不得跨规定的使用区域携带、邮寄、运输空白发票。 禁止携带、邮寄或者运输空白发票出入境。
第二十七条　开具发票的单位和个人应当建立发票使用登记制度，设置发票登记簿，并定期向主管税务机关报告发票使用情况。	第二十六条　开具发票的单位和个人应当建立发票使用登记制度，**配合税务机关进行身份验证**，并定期向主管税务机关报告发票使用情况。
第二十八条　开具发票的单位和个人应当在办理变更或者注销税务登记的同时，办理发票和发票领购簿的变更、缴销手续。	第二十七条　开具发票的单位和个人应当在办理变更或者注销税务登记的同时，办理发票的变更、缴销手续。
第二十九条　开具发票的单位和个人应当按照税务机关的规定存放和保管发票，不得擅自损毁。已经开具的发票存根联和发票登记簿，应当保存 5 年。保存期满，报经税务机关查验后销毁。	第二十八条　开具发票的单位和个人应当按照**国家有关**规定存放和保管发票，不得擅自损毁。已经开具的发票存根联，应当保存 5 年。

（2019 年）	（2023 年）
第五章　发票的检查	**第五章　发票的检查**
第三十条　税务机关在发票管理中有权进行下列检查： （一）检查印制、领购、开具、取得、保管和缴销发票的情况； （二）调出发票查验； （三）查阅、复制与发票有关的凭证、资料； （四）向当事各方询问与发票有关的问题和情况； （五）在查处发票案件时，对与案件有关的情况和资料，可以记录、录音、录像、照像和复制。	第二十九条　税务机关在发票管理中有权进行下列检查： （一）检查印制、**领用**、开具、取得、保管和缴销发票的情况； （二）调出发票查验； （三）查阅、复制与发票有关的凭证、资料； （四）向当事各方询问与发票有关的问题和情况； （五）在查处发票案件时，对与案件有关的情况和资料，可以记录、录音、录像、照像和复制。
第三十一条　印制、使用发票的单位和个人，必须接受税务机关依法检查，如实反映情况，提供有关资料，不得拒绝、隐瞒。 税务人员进行检查时，应当出示税务检查证。	第三十条　印制、使用发票的单位和个人，必须接受税务机关依法检查，如实反映情况，提供有关资料，不得拒绝、隐瞒。 税务人员进行检查时，应当出示税务检查证。

（2019 年）	（2023 年）
第三十二条　税务机关需要将已开具的发票调出查验时，应当向被查验的单位和个人开具发票换票证。发票换票证与所调出查验的发票有同等的效力。被调出查验发票的单位和个人不得拒绝接受。 　税务机关需要将空白发票调出查验时，应当开具收据；经查无问题的，应当及时返还。	第三十一条　税务机关需要将已开具的发票调出查验时，应当向被查验的单位和个人开具发票换票证。发票换票证与所调出查验的发票有同等的效力。被调出查验发票的单位和个人不得拒绝接受。 　税务机关需要将空白发票调出查验时，应当开具收据；经查无问题的，应当及时返还。
第三十三条　单位和个人从中国境外取得的与纳税有关的发票或者凭证，税务机关在纳税审查时有疑义的，可以要求其提供境外公证机构或者注册会计师的确认证明，经税务机关审核认可后，方可作为记账核算的凭证。	第三十二条　单位和个人从中国境外取得的与纳税有关的发票或者凭证，税务机关在纳税审查时有疑义的，可以要求其提供境外公证机构或者注册会计师的确认证明，经税务机关审核认可后，方可作为记账核算的凭证。
第三十四条　税务机关在发票检查中需要核对发票存根联与发票联填写情况时，可以向持有发票或者发票存根联的单位发出发票填写情况核对卡，有关单位应当如实填写，按期报回。	（删除）

（2019 年）	（2023 年）
第六章　罚　　则	**第六章　罚　　则**
第三十五条　违反本办法的规定，有下列情形之一的，由税务机关责令改正，可以处 1 万元以下的罚款；有违法所得的予以没收：	第三十三条　违反本办法的规定，有下列情形之一的，由税务机关责令改正，可以处 1 万元以下的罚款；有违法所得的予以没收：
（一）应当开具而未开具发票，或者未按照规定的时限、顺序、栏目，全部联次一次性开具发票，或者未加盖发票专用章的；	（一）应当开具而未开具发票，或者未按照规定的时限、顺序、栏目，全部联次一次性开具发票，或者未加盖发票专用章的；
（二）使用税控装置开具发票，未按期向主管税务机关报送开具发票的数据的；	（二）使用税控装置开具发票，未按期向主管税务机关报送开具发票的数据的；
（三）使用非税控电子器具开具发票，未将非税控电子器具使用的软件程序说明资料报主管税务机关备案，或者未按照规定保存、报送开具发票的数据的；	（三）使用非税控电子器具开具发票，未将非税控电子器具使用的软件程序说明资料报主管税务机关备案，或者未按照规定保存、报送开具发票的数据的；
（四）拆本使用发票的；	（四）拆本使用发票的；
（五）扩大发票使用范围的；	（五）扩大发票使用范围的；
（六）以其他凭证代替发票使用的；	（六）以其他凭证代替发票使用的；
（七）跨规定区域开具发票的；	（七）跨规定区域开具发票的；
（八）未按照规定缴销发票的；	（八）未按照规定缴销发票的；
（九）未按照规定存放和保管发票的。	（九）未按照规定存放和保管发票的。

（2019 年）	（2023 年）
第三十六条　跨规定的使用区域携带、邮寄、运输空白发票，以及携带、邮寄或者运输空白发票出入境的，由税务机关责令改正，可以处 1 万元以下的罚款；情节严重的，处 1 万元以上 3 万元以下的罚款；有违法所得的予以没收。 丢失发票或者擅自损毁发票的，依照前款规定处罚。	第三十四条　跨规定的使用区域携带、邮寄、运输空白发票，以及携带、邮寄或者运输空白发票出入境的，由税务机关责令改正，可以处 1 万元以下的罚款；情节严重的，处 1 万元以上 3 万元以下的罚款；有违法所得的予以没收。 丢失发票或者擅自损毁发票的，依照前款规定处罚。
第三十七条　违反本办法第二十二条第二款的规定虚开发票的，由税务机关没收违法所得；虚开金额在 1 万元以下的，可以并处 5 万元以下的罚款；虚开金额超过 1 万元的，并处 5 万元以上 50 万元以下的罚款；构成犯罪的，依法追究刑事责任。 非法代开发票的，依照前款规定处罚。	第三十五条　违反本办法的规定虚开发票的，由税务机关没收违法所得；虚开金额在 1 万元以下的，可以并处 5 万元以下的罚款；虚开金额超过 1 万元的，并处 5 万元以上 50 万元以下的罚款；构成犯罪的，依法追究刑事责任。 非法代开发票的，依照前款规定处罚。

（2019 年）	（2023 年）
第三十八条　私自印制、伪造、变造发票，非法制造发票防伪专用品，伪造发票监制章的，由税务机关没收违法所得，没收、销毁作案工具和非法物品，并处 1 万元以上 5 万元以下的罚款；情节严重的，并处 5 万元以上 50 万元以下的罚款；对印制发票的企业，可以并处吊销发票准印证；构成犯罪的，依法追究刑事责任。 前款规定的处罚，《中华人民共和国税收征收管理法》有规定的，依照其规定执行。	第三十六条　私自印制、伪造、变造发票，非法制造发票防伪专用品，伪造发票监制章，**窃取、截留、篡改、出售、泄露发票数据**的，由税务机关没收违法所得，没收、销毁作案工具和非法物品，并处 1 万元以上 5 万元以下的罚款；情节严重的，并处 5 万元以上 50 万元以下的罚款；构成犯罪的，依法追究刑事责任。 前款规定的处罚，《中华人民共和国税收征收管理法》有规定的，依照其规定执行。
第三十九条　有下列情形之一的，由税务机关处 1 万元以上 5 万元以下的罚款；情节严重的，处 5 万元以上 50 万元以下的罚款；有违法所得的予以没收： （一）转借、转让、介绍他人转让发票、发票监制章和发票防伪专用品的； （二）知道或者应当知道是私自印制、伪造、变造、非法取得或者废止的发票而受让、开具、存放、携带、邮寄、运输的。	第三十七条　有下列情形之一的，由税务机关处 1 万元以上 5 万元以下的罚款；情节严重的，处 5 万元以上 50 万元以下的罚款；有违法所得的予以没收： （一）转借、转让、介绍他人转让发票、发票监制章和发票防伪专用品的； （二）知道或者应当知道是私自印制、伪造、变造、非法取得或者废止的发票而受让、开具、存放、携带、邮寄、运输的。

（2019 年）	（2023 年）
第四十条　对违反发票管理规定 2 次以上或者情节严重的单位和个人，税务机关可以向社会公告。	第三十八条　对违反发票管理规定 2 次以上或者情节严重的单位和个人，税务机关可以向社会公告。
第四十一条　违反发票管理法规，导致其他单位或者个人未缴、少缴或者骗取税款的，由税务机关没收违法所得，可以并处未缴、少缴或者骗取的税款 1 倍以下的罚款。	第三十九条　违反发票管理法规，导致其他单位或者个人未缴、少缴或者骗取税款的，由税务机关没收违法所得，可以并处未缴、少缴或者骗取的税款 1 倍以下的罚款。
第四十二条　当事人对税务机关的处罚决定不服的，可以依法申请行政复议或者向人民法院提起行政诉讼。	第四十条　当事人对税务机关的处罚决定不服的，可以依法申请行政复议或者向人民法院提起行政诉讼。
第四十三条　税务人员利用职权之便，故意刁难印制、使用发票的单位和个人，或者有违反发票管理法规行为的，依照国家有关规定给予处分；构成犯罪的，依法追究刑事责任。	第四十一条　税务人员利用职权之便，故意刁难印制、使用发票的单位和个人，或者有违反发票管理法规行为的，依照国家有关规定给予处分；构成犯罪的，依法追究刑事责任。

（2019 年）	（2023 年）
第七章 附 则	**第七章 附 则**
第四十四条 国务院税务主管部门可以根据有关行业特殊的经营方式和业务需求，会同国务院有关主管部门制定该行业的发票管理办法。 　　国务院税务主管部门可以根据增值税专用发票管理的特殊需要，制定增值税专用发票的具体管理办法。	第四十二条 国务院税务主管部门可以根据有关行业特殊的经营方式和业务需求，会同国务院有关主管部门制定该行业的发票管理办法。 　　国务院税务主管部门可以根据增值税专用发票管理的特殊需要，制定增值税专用发票的具体管理办法。
第四十五条 本办法自发布之日起施行。财政部 1986 年发布的《全国发票管理暂行办法》和原国家税务局 1991 年发布的《关于对外商投资企业和外国企业发票管理的暂行规定》同时废止。	第四十三条 本办法自发布之日起施行。财政部 1986 年发布的《全国发票管理暂行办法》和原国家税务局 1991 年发布的《关于对外商投资企业和外国企业发票管理的暂行规定》同时废止。

中华人民共和国发票管理办法实施细则

（2011 年 2 月 14 日国家税务总局令第 25 号公布　根据 2014 年 12 月 27 日《国家税务总局关于修改〈中华人民共和国发票管理办法实施细则〉的决定》第一次修正　根据 2018 年 6 月 15 日《国家税务总局关于修改部分税务部门规章的决定》第二次修正　根据 2019 年 7 月 24 日《国家税务总局关于公布取消一批税务证明事项以及废止和修改部分规章规范性文件的决定》第三次修正　根据 2024 年 1 月 15 日《国家税务总局关于修改〈中华人民共和国发票管理办法实施细则〉的决定》第四次修正）

第一章　总　　则

第一条　根据《中华人民共和国发票管理办法》（以下简称《办法》）规定，制定本实施细则。

第二条　在全国范围内统一式样的发票，由国家税务总局确定。

在省、自治区、直辖市范围内统一式样的发票，由省、自治区、直辖市税务局（以下简称省税务局）确定。

第三条 《办法》第三条所称电子发票是指在购销商品、提供或者接受服务以及从事其他经营活动中，按照税务机关发票管理规定以数据电文形式开具、收取的收付款凭证。

电子发票与纸质发票的法律效力相同，任何单位和个人不得拒收。

第四条 税务机关建设电子发票服务平台，为用票单位和个人提供数字化等形态电子发票开具、交付、查验等服务。

第五条 税务机关应当按照法律、行政法规的规定，建立健全发票数据安全管理制度，保障发票数据安全。

单位和个人按照国家税务总局有关规定开展发票数据处理活动，依法承担发票数据安全保护义务，不得超过规定的数量存储发票数据，不得违反规定使用、非法出售或非法向他人提供发票数据。

第六条 纸质发票的基本联次包括存根联、发票联、记账联。存根联由收款方或开票方留存备查；发票联由付款方或受票方作为付款原始凭证；记账联由收款方或开票方作为记账原始凭证。

省以上税务机关可根据纸质发票管理情况以及纳税人经营业务需要，增减除发票联以外的其他联次，并确定其用途。

第七条　发票的基本内容包括：发票的名称、发票代码和号码、联次及用途、客户名称、开户银行及账号、商品名称或经营项目、计量单位、数量、单价、大小写金额、税率（征收率）、税额、开票人、开票日期、开票单位（个人）名称（章）等。

省以上税务机关可根据经济活动以及发票管理需要，确定发票的具体内容。

第八条　领用发票单位可以书面向税务机关要求使用印有本单位名称的发票，税务机关依据《办法》第十五条的规定，确认印有该单位名称发票的种类和数量。

第二章　发票的印制

第九条　税务机关根据政府采购合同和发票防伪用品管理要求对印制发票企业实施监督管理。

第十条　全国统一的纸质发票防伪措施由国家税务总局确定，省税务局可以根据需要增加本地区的纸质发票防伪措施，并向国家税务总局备案。

纸质发票防伪专用品应当按照规定专库保管，不得丢失。次品、废品应当在税务机关监督下集中销毁。

第十一条　全国统一发票监制章是税务机关管理发票

的法定标志，其形状、规格、内容、印色由国家税务总局规定。

第十二条　全国范围内发票换版由国家税务总局确定；省、自治区、直辖市范围内发票换版由省税务局确定。

发票换版时，应当进行公告。

第十三条　监制发票的税务机关根据需要下达发票印制通知书，印制企业必须按照要求印制。

发票印制通知书应当载明印制发票企业名称、用票单位名称、发票名称、发票代码、种类、联次、规格、印色、印制数量、起止号码、交货时间、地点等内容。

第十四条　印制发票企业印制完毕的成品应当按照规定验收后专库保管，不得丢失。废品应当及时销毁。

第三章　发票的领用

第十五条　《办法》第十五条所称经办人身份证明是指经办人的居民身份证、护照或者其他能证明经办人身份的证件。

第十六条　《办法》第十五条所称发票专用章是指领用发票单位和个人在其开具纸质发票时加盖的有其名称、统一社会信用代码或者纳税人识别号、发票专用章字样的印章。

发票专用章式样由国家税务总局确定。

第十七条　税务机关对领用纸质发票单位和个人提供的发票专用章的印模应当留存备查。

第十八条　《办法》第十五条所称领用方式是指批量供应、交旧领新、验旧领新、额度确定等方式。

税务机关根据单位和个人的税收风险程度、纳税信用级别、实际经营情况确定或调整其领用发票的种类、数量、额度以及领用方式。

第十九条　《办法》第十五条所称发票使用情况是指发票领用存情况及相关开票数据。

第二十条　《办法》第十六条所称书面证明是指有关业务合同、协议或者税务机关认可的其他资料。

第二十一条　税务机关应当与受托代开发票的单位签订协议，明确代开发票的种类、对象、内容和相关责任等内容。

第四章　发票的开具和保管

第二十二条　《办法》第十八条所称特殊情况下，由付款方向收款方开具发票，是指下列情况：

（一）收购单位和扣缴义务人支付个人款项时；

（二）国家税务总局认为其他需要由付款方向收款方开具发票的。

第二十三条　向消费者个人零售小额商品或者提供零星服务的，是否可免予逐笔开具发票，由省税务局确定。

第二十四条　填开发票的单位和个人必须在发生经营业务确认营业收入时开具发票。未发生经营业务一律不准开具发票。

第二十五条　《办法》第十九条规定的不得变更金额，包括不得变更涉及金额计算的单价和数量。

第二十六条　开具纸质发票后，如发生销售退回、开票有误、应税服务中止等情形，需要作废发票的，应当收回原发票全部联次并注明"作废"字样后作废发票。

开具纸质发票后，如发生销售退回、开票有误、应税服务中止、销售折让等情形，需要开具红字发票的，应当收回原发票全部联次并注明"红冲"字样后开具红字发票。无法收回原发票全部联次的，应当取得对方有效证明后开具红字发票。

第二十七条　开具电子发票后，如发生销售退回、开票有误、应税服务中止、销售折让等情形的，应当按照规定开具红字发票。

第二十八条　单位和个人在开具发票时，应当填写项目齐全，内容真实。

开具纸质发票应当按照发票号码顺序填开，字迹清楚，全部联次一次打印，内容完全一致，并在发票联和抵扣联加盖发票专用章。

第二十九条 《办法》第二十一条所称与实际经营业务情况不符是指具有下列行为之一的：

（一）未购销商品、未提供或者接受服务、未从事其他经营活动，而开具或取得发票；

（二）有购销商品、提供或者接受服务、从事其他经营活动，但开具或取得的发票载明的购买方、销售方、商品名称或经营项目、金额等与实际情况不符。

第三十条 开具发票应当使用中文。民族自治地方可以同时使用当地通用的一种民族文字。

第三十一条 单位和个人向委托人提供发票领用、开具等服务，应当接受税务机关监管，所存储发票数据的最大数量应当符合税务机关的规定。

第三十二条 开发电子发票信息系统为他人提供发票数据查询、下载、存储、使用等涉税服务的，应当符合税务机关的数据标准和管理规定，并与委托人签订协议，不得超越授权范围使用发票数据。

第三十三条 《办法》第二十五条所称规定的使用区域是指国家税务总局和省税务局规定的区域。

第三十四条 《办法》第二十六条所称身份验证是

指单位和个人在领用、开具、代开发票时，其经办人应当实名办税。

第三十五条　使用纸质发票的单位和个人应当妥善保管发票。发生发票丢失情形时，应当于发现丢失当日书面报告税务机关。

第五章　发票的检查

第三十六条　税务机关在发票检查中，可以对发票数据进行提取、调出、查阅、复制。

第三十七条　《办法》第三十一条所称发票换票证仅限于在本县（市）范围内使用。需要调出外县（市）的发票查验时，应当提请该县（市）税务机关调取发票。

第三十八条　用票单位和个人有权申请税务机关对发票的真伪进行鉴别。收到申请的税务机关应当受理并负责鉴别发票的真伪；鉴别有困难的，可以提请发票监制税务机关协助鉴别。

在伪造、变造现场以及买卖地、存放地查获的发票，由当地税务机关鉴别。

第六章　罚　　则

第三十九条　税务机关对违反发票管理法规的行为依

法进行处罚的，由县以上税务机关决定；罚款额在2000元以下的，可由税务所决定。

第四十条 《办法》第三十三条第六项规定以其他凭证代替发票使用的，包括：

（一）应当开具发票而未开具发票，以其他凭证代替发票使用；

（二）应当取得发票而未取得发票，以发票外的其他凭证或者自制凭证用于抵扣税款、出口退税、税前扣除和财务报销；

（三）取得不符合规定的发票，用于抵扣税款、出口退税、税前扣除和财务报销。

构成逃避缴纳税款、骗取出口退税、虚开发票的，按照《中华人民共和国税收征收管理法》《办法》相关规定执行。

第四十一条 《办法》第三十八条所称的公告是指，税务机关应当在办税场所或者广播、电视、报纸、期刊、网络等新闻媒体上公告纳税人发票违法的情况。公告内容包括：纳税人名称、统一社会信用代码或者纳税人识别号、经营地点、违反发票管理法规的具体情况。

第四十二条 对违反发票管理法规情节严重构成犯罪的，税务机关应当依法移送司法机关处理。

第七章　附　　则

第四十三条　计划单列市税务局参照《办法》中省、自治区、直辖市税务局的职责做好发票管理工作。

第四十四条　本实施细则自 2011 年 2 月 1 日起施行。

新旧发票管理办法实施细则对照表

《中华人民共和国发票管理办法实施细则》（2019 年）	《中华人民共和国发票管理办法实施细则》（2024 年）
第一章　总　则	**第一章　总　则**
第一条　根据《中华人民共和国发票管理办法》（以下简称《办法》）规定，制定本实施细则。	第一条　根据《中华人民共和国发票管理办法》（以下简称《办法》）规定，制定本实施细则。
第二条　在全国范围内统一式样的发票，由国家税务总局确定。 　　在省、自治区、直辖市范围内统一式样的发票，由省、自治区、直辖市税务局（以下简称省税务局）确定。	第二条　在全国范围内统一式样的发票，由国家税务总局确定。 　　在省、自治区、直辖市范围内统一式样的发票，由省、自治区、直辖市税务局（以下简称省税务局）确定。
	**　　第三条　《办法》第三条所称电子发票是指在购销商品、提供或者接受服务以及从事其他经营活动中，按照税务机关发票管理规定以数据电文形式开具、收取的收付款凭证。** **　　电子发票与纸质发票的法律效力相同，任何单位和个人不得拒收。**

（2019 年）	（2024 年）
	第四条　税务机关建设电子发票服务平台，为用票单位和个人提供数字化等形态电子发票开具、交付、查验等服务。
	第五条　税务机关应当按照法律、行政法规的规定，建立健全发票数据安全管理制度，保障发票数据安全。 　单位和个人按照国家税务总局有关规定开展发票数据处理活动，依法承担发票数据安全保护义务，不得超过规定的数量存储发票数据，不得违反规定使用、非法出售或非法向他人提供发票数据。
第三条　发票的基本联次包括存根联、发票联、记账联。存根联由收款方或开票方留存备查；发票联由付款方或受票方作为付款原始凭证；记账联由收款方或开票方作为记账原始凭证。 　省以上税务机关可根据发票管理情况以及纳税人经营业务需要，增减除发票联以外的其他联次，并确定其用途。	第六条　**纸质**发票的基本联次包括存根联、发票联、记账联。存根联由收款方或开票方留存备查；发票联由付款方或受票方作为付款原始凭证；记账联由收款方或开票方作为记账原始凭证。 　省以上税务机关可根据**纸质**发票管理情况以及纳税人经营业务需要，增减除发票联以外的其他联次，并确定其用途。

（2019 年）	（2024 年）
第四条　发票的基本内容包括：发票的名称、发票代码和号码、联次及用途、客户名称、开户银行及账号、商品名称或经营项目、计量单位、数量、单价、大小写金额、开票人、开票日期、开票单位（个人）名称（章）等。 省以上税务机关可根据经济活动以及发票管理需要，确定发票的具体内容。	第七条　发票的基本内容包括：发票的名称、发票代码和号码、联次及用途、客户名称、开户银行及账号、商品名称或经营项目、计量单位、数量、单价、大小写金额、**税率（征收率）、税额**、开票人、开票日期、开票单位（个人）名称（章）等。 省以上税务机关可根据经济活动以及发票管理需要，确定发票的具体内容。
第五条　用票单位可以书面向税务机关要求使用印有本单位名称的发票，税务机关依据《办法》第十五条的规定，确认印有该单位名称发票的种类和数量。	第八条　**领用发票**单位可以书面向税务机关要求使用印有本单位名称的发票，税务机关依据《办法》第十五条的规定，确认印有该单位名称发票的种类和数量。
第二章　发票的印制	**第二章　发票的印制**
第六条　发票准印证由国家税务总局统一监制，省税务局核发。 税务机关应当对印制发票企业实施监督管理，对不符合条件的，应当取消其印制发票的资格。	第九条　税务机关**根据政府采购合同和发票防伪用品管理要求**对印制发票企业实施监督管理。

（2019 年）	（2024 年）
第七条　全国统一的发票防伪措施由国家税务总局确定，省税务局可以根据需要增加本地区的发票防伪措施，并向国家税务总局备案。 发票防伪专用品应当按照规定专库保管，不得丢失。次品、废品应当在税务机关监督下集中销毁。	第十条　全国统一的**纸质**发票防伪措施由国家税务总局确定，省税务局可以根据需要增加本地区的**纸质**发票防伪措施，并向国家税务总局备案。 **纸质**发票防伪专用品应当按照规定专库保管，不得丢失。次品、废品应当在税务机关监督下集中销毁。
第八条　全国统一发票监制章是税务机关管理发票的法定标志，其形状、规格、内容、印色由国家税务总局规定。	第十一条　全国统一发票监制章是税务机关管理发票的法定标志，其形状、规格、内容、印色由国家税务总局规定。
第九条　全国范围内发票换版由国家税务总局确定；省、自治区、直辖市范围内发票换版由省税务局确定。 发票换版时，应当进行公告。	第十二条　全国范围内发票换版由国家税务总局确定；省、自治区、直辖市范围内发票换版由省税务局确定。 发票换版时，应当进行公告。

（2019 年）	（2024 年）
第十条 监制发票的税务机关根据需要下达发票印制通知书，被指定的印制企业必须按照要求印制。 发票印制通知书应当载明印制发票企业名称、用票单位名称、发票名称、发票代码、种类、联次、规格、印色、印制数量、起止号码、交货时间、地点等内容。	第十三条 监制发票的税务机关根据需要下达发票印制通知书，印制企业必须按照要求印制。 发票印制通知书应当载明印制发票企业名称、用票单位名称、发票名称、发票代码、种类、联次、规格、印色、印制数量、起止号码、交货时间、地点等内容。
第十一条 印制发票企业印制完毕的成品应当按照规定验收后专库保管，不得丢失。废品应当及时销毁。	第十四条 印制发票企业印制完毕的成品应当按照规定验收后专库保管，不得丢失。废品应当及时销毁。
第三章　发票的领购	**第三章　发票的领用**
第十二条 《办法》第十五条所称经办人身份证明是指经办人的居民身份证、护照或者其他能证明经办人身份的证件。	第十五条 《办法》第十五条所称经办人身份证明是指经办人的居民身份证、护照或者其他能证明经办人身份的证件。

（2019 年）	（2024 年）
第十三条　《办法》第十五条所称发票专用章是指用票单位和个人在其开具发票时加盖的有其名称、税务登记号、发票专用章字样的印章。 　　发票专用章式样由国家税务总局确定。	第十六条　《办法》第十五条所称发票专用章是指**领用发票**单位和个人在其开具**纸质**发票时加盖的有其名称、**统一社会信用代码或者纳税人识别号**、发票专用章字样的印章。 　　发票专用章式样由国家税务总局确定。
第十四条　税务机关对领购发票单位和个人提供的发票专用章的印模应当留存备查。	第十七条　税务机关对**领用纸质**发票单位和个人提供的发票专用章的印模应当留存备查。
第十五条　《办法》第十五条所称领购方式是指批量供应、交旧购新或者验旧购新等方式。	第十八条　《办法》第十五条所称**领用**方式是指批量供应、交旧**领新**、验旧**领新**、**额度确定**等方式。 　　**税务机关根据单位和个人的税收风险程度、纳税信用级别、实际经营情况确定或调整其领用发票的种类、数量、额度以及领用方式。**
第十六条　《办法》第十五条所称发票领购簿的内容应当包括用票单位和个人的名称、所属行业、购票方式、核准购票种类、开票限额、发票名称、领购日期、准购数量、起止号码、违章记录、领购人签字（盖章）、核发税务机关（章）等内容。	**（删除）**

（2019 年）	（2024 年）
第十七条　《办法》第十五条所称发票使用情况是指发票领用存情况及相关开票数据。	第十九条　《办法》第十五条所称发票使用情况是指发票领用存情况及相关开票数据。
第十八条　税务机关在发售发票时，应当按照核准的收费标准收取工本管理费，并向购票单位和个人开具收据。发票工本费征缴办法按照国家有关规定执行。	（删除）
第十九条　《办法》第十六条所称书面证明是指有关业务合同、协议或者税务机关认可的其他资料。	第二十条　《办法》第十六条所称书面证明是指有关业务合同、协议或者税务机关认可的其他资料。
第二十条　税务机关应当与受托代开发票的单位签订协议，明确代开发票的种类、对象、内容和相关责任等内容。	第二十一条　税务机关应当与受托代开发票的单位签订协议，明确代开发票的种类、对象、内容和相关责任等内容。

（2019 年）	（2024 年）
第二十一条　《办法》第十八条所称保证人，是指在中国境内具有担保能力的公民、法人或者其他经济组织。 保证人同意为领购发票的单位和个人提供担保的，应当填写担保书。担保书内容包括：担保对象、范围、期限和责任以及其他有关事项。 担保书须经购票人、保证人和税务机关签字盖章后方为有效。	**（删除）**
第二十二条　《办法》第十八条第二款所称由保证人或者以保证金承担法律责任，是指由保证人缴纳罚款或者以保证金缴纳罚款。	**（删除）**
第二十三条　提供保证人或者交纳保证金的具体范围由省税务局规定。	**（删除）**

（2019 年）	（2024 年）
第四章　发票的开具和保管	**第四章　发票的开具和保管**
第二十四条　《办法》第十九条所称特殊情况下，由付款方向收款方开具发票，是指下列情况： （一）收购单位和扣缴义务人支付个人款项时； （二）国家税务总局认为其他需要由付款方向收款方开具发票的。	第二十二条　《办法》第十八条所称特殊情况下，由付款方向收款方开具发票，是指下列情况： （一）收购单位和扣缴义务人支付个人款项时； （二）国家税务总局认为其他需要由付款方向收款方开具发票的。
第二十五条　向消费者个人零售小额商品或者提供零星服务的，是否可免予逐笔开具发票，由省税务局确定。	第二十三条　向消费者个人零售小额商品或者提供零星服务的，是否可免予逐笔开具发票，由省税务局确定。
第二十六条　填开发票的单位和个人必须在发生经营业务确认营业收入时开具发票。未发生经营业务一律不准开具发票。	第二十四条　填开发票的单位和个人必须在发生经营业务确认营业收入时开具发票。未发生经营业务一律不准开具发票。
	第二十五条　《办法》第十九条规定的不得变更金额，包括不得变更涉及金额计算的单价和数量。

（2019 年）	（2024 年）
第二十七条　开具发票后，如发生销货退回需开红字发票的，必须收回原发票并注明"作废"字样或取得对方有效证明。 开具发票后，如发生销售折让的，必须在收回原发票并注明"作废"字样后重新开具销售发票或取得对方有效证明后开具红字发票。	第二十六条　开具**纸质**发票后，如发生销**售**退回、**开票有误、应税服务中止等**情形，**需要作废发票的，应当**收回原发票**全部联次**并注明"作废"字样**后作废发票。** 开具**纸质**发票后，如发生销售**退回、开票有误、应税服务中止、销售折让等**情形，**需要开具红字发票的，应当**收回原发票**全部联次**并注明"**红冲**"字样**后开具红字发票。无法收回原发票全部联次的，应当取得对方有效证明后开具红字发票。**
	第二十七条　开具电子发票后，如发生销售退回、开票有误、应税服务中止、销售折让等情形的，应当按照规定开具红字发票。
第二十八条　单位和个人在开具发票时，必须做到按照号码顺序填开，填写项目齐全，内容真实，字迹清楚，全部联次一次打印，内容完全一致，并在发票联和抵扣联加盖发票专用章。	第二十八条　单位和个人在开具发票时，**应当**填写项目齐全，内容真实。 **开具纸质发票应当按照发**票号码顺序填开，字迹清楚，全部联次一次打印，内容完全一致，并在发票联和抵扣联加盖发票专用章。

（2019 年）	（2024 年）
	第二十九条 《办法》第二十一条所称与实际经营业务情况不符是指具有下列行为之一的： （一）未购销商品、未提供或者接受服务、未从事其他经营活动，而开具或取得发票； （二）有购销商品、提供或者接受服务、从事其他经营活动，但开具或取得的发票载明的购买方、销售方、商品名称或经营项目、金额等与实际情况不符。
第二十九条 开具发票应当使用中文。民族自治地方可以同时使用当地通用的一种民族文字。	第三十条 开具发票应当使用中文。民族自治地方可以同时使用当地通用的一种民族文字。
	第三十一条 单位和个人向委托人提供发票领用、开具等服务，应当接受税务机关监管，所存储发票数据的最大数量应当符合税务机关的规定。

（2019 年）	（2024 年）
	第三十二条　开发电子发票信息系统为他人提供发票数据查询、下载、存储、使用等涉税服务的，应当符合税务机关的数据标准和管理规定，并与委托人签订协议，不得超越授权范围使用发票数据。
第三十条　《办法》第二十六条所称规定的使用区域是指国家税务总局和省税务局规定的区域。	第三十三条　《办法》第二十五条所称规定的使用区域是指国家税务总局和省税务局规定的区域。
	第三十四条　《办法》第二十六条所称身份验证是指单位和个人在领用、开具、代开发票时，其经办人应当实名办税。
第三十一条　使用发票的单位和个人应当妥善保管发票。发生发票丢失情形时，应当于发现丢失当日书面报告税务机关。	第三十五条　使用纸质发票的单位和个人应当妥善保管发票。发生发票丢失情形时，应当于发现丢失当日书面报告税务机关。
第五章　发票的检查	第五章　发票的检查
	第三十六条　税务机关在发票检查中，可以对发票数据进行提取、调出、查阅、复制。

（2019 年）	（2024 年）
第三十二条　《办法》第三十二条所称发票换票证仅限于在本县（市）范围内使用。需要调出外县（市）的发票查验时，应当提请该县（市）税务机关调取发票。	第三十七条　《办法》第三十一条所称发票换票证仅限于在本县（市）范围内使用。需要调出外县（市）的发票查验时，应当提请该县（市）税务机关调取发票。
第三十三条　用票单位和个人有权申请税务机关对发票的真伪进行鉴别。收到申请的税务机关应当受理并负责鉴别发票的真伪；鉴别有困难的，可以提请发票监制税务机关协助鉴别。 在伪造、变造现场以及买卖地、存放地查获的发票，由当地税务机关鉴别。	第三十八条　用票单位和个人有权申请税务机关对发票的真伪进行鉴别。收到申请的税务机关应当受理并负责鉴别发票的真伪；鉴别有困难的，可以提请发票监制税务机关协助鉴别。 在伪造、变造现场以及买卖地、存放地查获的发票，由当地税务机关鉴别。
第六章　罚　则	**第六章　罚　则**
第三十四条　税务机关对违反发票管理法规的行为进行处罚，应当将行政处罚决定书面通知当事人；对违反发票管理法规的案件，应当立案查处。 对违反发票管理法规的行政处罚，由县以上税务机关决定；罚款额在 2000 元以下的，可由税务所决定。	第三十九条　税务机关对违反发票管理法规的行为**依法**进行处罚**的**，由县以上税务机关决定；罚款额在 2000 元以下的，可由税务所决定。

（2019 年）	（2024 年）
	第四十条 《办法》第三十三条第六项规定以其他凭证代替发票使用的，包括： （一）应当开具发票而未开具发票，以其他凭证代替发票使用； （二）应当取得发票而未取得发票，以发票外的其他凭证或者自制凭证用于抵扣税款、出口退税、税前扣除和财务报销； （三）取得不符合规定的发票，用于抵扣税款、出口退税、税前扣除和财务报销。 构成逃避缴纳税款、骗取出口退税、虚开发票的，按照《中华人民共和国税收征收管理法》《办法》相关规定执行。
第三十五条 《办法》第四十条所称的公告是指，税务机关应当在办税场所或者广播、电视、报纸、期刊、网络等新闻媒体上公告纳税人发票违法的情况。公告内容包括：纳税人名称、纳税人识别号、经营地点、违反发票管理法规的具体情况。	第四十一条 《办法》第三十八条所称的公告是指，税务机关应当在办税场所或者广播、电视、报纸、期刊、网络等新闻媒体上公告纳税人发票违法的情况。公告内容包括：纳税人名称、**统一社会信用代码或者**纳税人识别号、经营地点、违反发票管理法规的具体情况。

（2019 年）	（2024 年）
第三十六条　对违反发票管理法规情节严重构成犯罪的，税务机关应当依法移送司法机关处理。	第四十二条　对违反发票管理法规情节严重构成犯罪的，税务机关应当依法移送司法机关处理。
第七章　附　　则	**第七章　附　　则**
第三十七条　《办法》和本实施细则所称"以上"、"以下"均含本数。	**（删除）**
	第四十三条　计划单列市税务局参照《办法》中省、自治区、直辖市税务局的职责做好发票管理工作。
第三十八条　本实施细则自 2011 年 2 月 1 日起施行。	第四十四条　本实施细则自 2011 年 2 月 1 日起施行。

国家税务总局令

第 56 号

《国家税务总局关于修改〈中华人民共和国发票管理办法实施细则〉的决定》已经 2023 年 12 月 29 日国家税务总局第 3 次局务会议审议通过，现予公布，自 2024 年 3 月 1 日起施行。

国家税务总局局长：胡静林

2024 年 1 月 15 日

国家税务总局关于修改《中华人民共和国发票管理办法实施细则》的决定

为保障《中华人民共和国发票管理办法》（以下简称《办法》）颁布后有效实施，国家税务总局决定对《中华人民共和国发票管理办法实施细则》作如下修改：

一、增加一条，作为第三条："《办法》第三条所称电子发票是指在购销商品、提供或者接受服务以及从事其他经营活动中，按照税务机关发票管理规定以数据电文形式开具、收取的收付款凭证。

"电子发票与纸质发票的法律效力相同，任何单位和个人不得拒收。"

二、增加一条，作为第四条："税务机关建设电子发票服务平台，为用票单位和个人提供数字化等形态电子发票开具、交付、查验等服务。"

三、增加一条，作为第五条："税务机关应当按照法律、行政法规的规定，建立健全发票数据安全管理制度，保障发票数据安全。

"单位和个人按照国家税务总局有关规定开展发票数据处理活动，依法承担发票数据安全保护义务，不得超过规定的数量存储发票数据，不得违反规定使用、非法出售或非法向他人提供发票数据。"

四、第四条改为第七条，第一款修改为："发票的基本内容包括：发票的名称、发票代码和号码、联次及用途、客户名称、开户银行及账号、商品名称或经营项目、计量单位、数量、单价、大小写金额、税率（征收率）、税额、开票人、开票日期、开票单位（个人）名称（章）等。"

五、第五条改为第八条，修改为："领用发票单位可以书面向税务机关要求使用印有本单位名称的发票，税务机关依据《办法》第十五条的规定，确认印有该单位名称发票的种类和数量。"

六、第六条改为第九条，修改为："税务机关根据政府采购合同和发票防伪用品管理要求对印制发票企业实施监督管理。"

七、第十条改为第十三条，第一款修改为："监制发票的税务机关根据需要下达发票印制通知书，印制企业必须按照要求印制。"

八、第十三条改为第十六条，第一款修改为："《办法》第十五条所称发票专用章是指领用发票单位和个人在其开具纸质发票时加盖的有其名称、统一社会信用代码或者纳税人识别号、发票专用章字样的印章。"

九、第十五条改为第十八条，修改为："《办法》第十五条所称领用方式是指批量供应、交旧领新、验旧领新、额度确定等方式。

"税务机关根据单位和个人的税收风险程度、纳税信用级别、实际经营情况确定或调整其领用发票的种类、数量、额度以及领用方式。"

十、删除第十六条、第十八条、第二十一条、第二十二条、第二十三条、第三十七条。

十一、增加一条，作为第二十五条："《办法》第十九条规定的不得变更金额，包括不得变更涉及金额计算的单价和数量。"

十二、第二十七条改为第二十六条，修改为："开具纸质发票后，如发生销售退回、开票有误、应税服务中止等情形，需要作废发票的，应当收回原发票全部联次并注明'作废'字样后作废发票。

"开具纸质发票后，如发生销售退回、开票有误、应税服务中止、销售折让等情形，需要开具红字发票的，应当收回原发票全部联次并注明'红冲'字样后开具红字发票。无法收回原发票全部联次的，应当取得对方有效证明后开具红字发票。"

十三、增加一条，作为第二十七条："开具电子发票后，如发生销售退回、开票有误、应税服务中止、销售折让等情形的，应当按照规定开具红字发票。"

十四、第二十八条修改为："单位和个人在开具发票时，应当填写项目齐全，内容真实。

"开具纸质发票应当按照发票号码顺序填开，字迹清楚，全部联次一次打印，内容完全一致，并在发票联和抵扣联加盖发票专用章。"

十五、增加一条，作为第二十九条："《办法》第二十一条所称与实际经营业务情况不符是指具有下列行为之一的：

"（一）未购销商品、未提供或者接受服务、未从事其他经营活动，而开具或取得发票；

"（二）有购销商品、提供或者接受服务、从事其他经营活动，但开具或取得的发票载明的购买方、销售方、商品名称或经营项目、金额等与实际情况不符。"

十六、增加一条，作为第三十一条："单位和个人向委托人提供发票领用、开具等服务，应当接受税务机关监管，所存储发票数据的最大数量应当符合税务机关的规定。"

十七、增加一条，作为第三十二条："开发电子发票信息系统为他人提供发票数据查询、下载、存储、使用等涉税服务的，应当符合税务机关的数据标准和管理规定，并与委托人签订协议，不得超越授权范围使用发票数据。"

十八、增加一条，作为第三十四条："《办法》第二十六条所称身份验证是指单位和个人在领用、开具、代开发票时，其经办人应当实名办税。"

十九、增加一条，作为第三十六条："税务机关在发票检查中，可以对发票数据进行提取、调出、查阅、复制。"

二十、第三十四条改为第三十九条，修改为："税务机关对违反发票管理法规的行为依法进行处罚的，由县以上税务机关决定；罚款额在2000元以下的，可由税务所决定。"

二十一、增加一条，作为第四十条："《办法》第三十三条第六项规定以其他凭证代替发票使用的，包括：

"（一）应当开具发票而未开具发票，以其他凭证代替发票使用；

"（二）应当取得发票而未取得发票，以发票外的其他凭证或者自制凭证用于抵扣税款、出口退税、税前扣除和财务报销；

"（三）取得不符合规定的发票，用于抵扣税款、出口退税、税前扣除和财务报销。

"构成逃避缴纳税款、骗取出口退税、虚开发票的，按照《中华人民共和国税收征收管理法》《办法》相关规定执行。"

二十二、第三十五条改为第四十一条，修改为："《办法》第三十八条所称的公告是指，税务机关应当在办税场所或者广播、电视、报纸、期刊、网络等新闻媒体上公告纳税人发票违法的情况。公告内容包括：纳税人名称、统一社会信用代码或者纳税人识别号、经营地点、违反发票管理法规的具体情况。"

二十三、增加一条，作为第四十三条："计划单列市税务局参照《办法》中省、自治区、直辖市税务局的职责做好发票管理工作。"

二十四、第三条、第七条、第十四条、第三十一条中的"发票"修改为"纸质发票"。

二十五、第三章名称以及第十四条中的"领购"修改为"领用"。

此外，对条文顺序和个别文字作相应调整和修改。

本决定自 2024 年 3 月 1 日起施行。

《中华人民共和国发票管理办法实施细则》根据本决定作相应修改，重新公布。

关于《国家税务总局关于修改〈中华人民共和国发票管理办法实施细则〉的决定》的解读

近日，国家税务总局公布了《关于修改〈中华人民共和国发票管理办法实施细则〉的决定》（国家税务总局令第 56 号）。现就有关修改内容解读如下：

一、修改《实施细则》的背景

2023 年 7 月 20 日，国务院公布了新修改的《中华人民共和国发票管理办法》（以下简称《办法》）。为贯彻落实中办、国办印发的《关于进一步深化税收征管改革的意见》（以下简称《意见》）有关要求，确保《办法》顺利实施，税务总局对照《办法》修改内容，对《办法》的配套规章《中华人民共和国发票管理办法实施细则》（以下简称《实施细则》）进行了修改。

二、修改的必要性

新修改的《办法》公布实施后，作为配套规章的《实施细则》部分内容已经不适应、不符合《办法》和当前发票管理工作实际，迫切需要修改完善。

一是贯彻落实《意见》的具体措施。《意见》明确要健全税费法律法规制度，推动修订《办法》等法律法规和规章。对《实施细则》进行修改，是税务机关完善部门规章，推动《意见》有关任务落实落地的具体体现。

二是保障《办法》实施的必要举措。新《办法》颁布实施后，《实施细则》中的部分内容已经不适应、不符合《办法》要求，需要根据《办法》修改内容进行相应修改或作出进一步细化规定，并与现行法律法规相衔接，以增强可操作性。

三是为发票电子化改革提供制度支撑的迫切需要。新《办法》明确了电子发票的法律地位和基本管理规定，需要在《实施细则》中对电子发票数据安全管理、第三方服务监管、红冲规范等进一步细化明确，为电子发票推广应用提供制度保障。

四是保障纳税人合法权益的必然要求。通过修改《实施细则》进一步明晰征纳双方、用票人和第三方服务机构的权利义务，有利于保障纳税人合法权益，规范税务机关执法行为。

三、修改的主要内容

（一）明确电子发票基本管理规定

在《办法》确立电子发票法律地位的基础上，顺应电子发票管理需要，进一步明确电子发票的基本管理规定。

一是明确电子发票的定义为"在购销商品、提供或者接受服务以及从事其他经营活动中，按照税务机关发票管理规定以数据电文形式开具、收取的收付款凭证"，强调"电子发票与纸质发票的法律效力相同，任何单位和个人不得拒收"；同时明确税务机关"建设电子发票服务平台"和"提供数字化等形态电子发票开具、交付、查验等服务"的职责。

二是根据电子发票的管理需要，增加"额度确定"的发票领用方式；增加电子发票开具红字发票的基本管理规定。

三是细化《办法》第二十二条第三款"单位和个人开发电子发票信息系统自用或者为他人提供电子发票服务的，应当遵守国务院税务主管部门的规定"的管理要求，增加开发电子发票信息系统的基本管理规定。

（二）增加发票数据安全管理规定

在《办法》明确发票编码规则、数据标准的管理以及增加发票数据违法行为类型和罚则的基础上，落实《意见》第六条"完善税收大数据安全治理体系和管理制度"的要求，进一步健全发票数据安全管理制度。

一是根据《数据安全法》《个人信息保护法》等有关规定，明确税务机关"建立健全发票数据安全管理制度，保障发票数据安全"的职责、纳税人"发票数据安全保护"的义务，以及提供发票领用、开具等服务的第三方"接受税务机关监管"的责任。

二是细化《办法》第二十九条关于检查发票数据的相关规定，明确"税务机关在发票检查中，可以对发票数据进行提取、调出、查阅、复制"。

（三）细化发票违法行为认定情形

适应税收征管实践需要，进一步完善发票违法行为的认定。

对《办法》第二十一条关于虚开发票的条款进行细化，明确"与实际经营业务情况不符"的具体情形。

（四）与现行法律法规相衔接

与现行法律法规做好衔接，进一步完善发票违法行为处罚程序。

考虑到《中华人民共和国行政处罚法》第五十二条向当事人出示行政处罚决定书已有明确规定，因此删除"应当将行政处罚决定书面通知当事人"相关表述；根据《中华人民共和国行政处罚法》第五十四条关于"符合立案标准的，行政机关应当及时立案"的规定，考虑到部分违反发票管理法规的情形未达到立案标准，适用简易处罚或首违不罚而无需立案，删除"对违反发票管理法规的案件，应当立案查处"。

（五）完善发票印制、领用、开具规定

将近年来发票制度改革成果固化为制度安排，对发票印制、领用、开具规定进行优化完善。

一是按照"企业印制发票"转为政府采购事项的要求，删除"发票准印证""印制发票的资格"等规定，明确税务机关"应当根据政府采购合同和发票防伪用品管理要求对印制发票企业实施监督管理"。

二是为更好服务市场主体，减轻纳税人发票使用负担，删除发票领购簿、发票工本费、发票保证人和保证金等相关规定。

三是为防范冒用身份领用和开具发票等违法行为，明确身份验证是指"单位和个人在领用、开具、代开发票时，其经办人应当实名办税"；细化《办法》第十九条规定的"不得变更金额"包括不得变更涉及金额计算的单价和数量；完善纸质发票作废红冲的具体管理规定。